I0822203

Chimpancés bonobos

Grace Hansen

abdopublishing.com

Published by Abdo Kids, a division of ABDO, PO Box 398166, Minneapolis, Minnesota 55439.

Printed in the United States of America, North Mankato, Minnesota.

102015

012016

Spanish Translator: Maria Puchol

Photo Credits: Corbis, iStock, Minden Pictures, Science Source, Shutterstock

Production Contributors: Teddy Borth, Jennie Forsberg, Grace Hansen

Design Contributors: Laura Rask, Dorothy Toth

Library of Congress Control Number: 2015954422

Cataloging-in-Publication Data

Hansen, Grace.

[Bonobos. Spanish]

Chimpancés bonobos / Grace Hansen.

p. cm. -- (Animales amigos)

ISBN 978-1-68080-409-6

Includes index.

1. Bonobo--Juvenile literature. 2. Spanish language materials—Juvenile literature. I. Title.

599.88--dc23

2015954422

Contenido

Bonobos

Los bonobos viven en África.

Viven en el bosque tropical.

Los bonobos se parecen a los chimpancés. Son más delgados que los chimpancés.

Tienen la cabeza más pequeña que los chimpancés. Las orejas también son más pequeñas.

Alimentación

Los bonobos comen fruta. Comen hojas y tallos. También comen pescado e insectos.

Comportamiento

Los bonobos **raramente** luchan cuando se enojan. En su lugar, **se consuelan** unos a otros.

Las bonobos hembra están a cargo de los grupos. Eso es **raro** en el mundo animal. Los machos suelen dirigir los grupos.

Amables con todos

Los bonobos son pacíficos. Dejan que los extraños entren en su territorio. Otros primates no lo permiten.

A los bonobos les encanta compartir. Comparten sus camas. También comparten la comida.

Comparten con sus amigos y sus familias. ¡Incluso comparten con los extraños! Los bonobos nos enseñan a ser amables con los demás.

Más datos

- Los bonobos son muy pacíficos. Nunca se los ha visto matar a ninguno de su propia especie, a diferencia de otros primates.

- A veces los bonobos macho se enojan. Las hembras ponen fin a las peleas. Con el paso del tiempo los machos se han hecho menos **agresivos**.

- Quedan pocos bonobos en estado salvaje. Están en peligro de extinción. Es importante que los humanos los **protejan**.

Glosario

agresivo – preparado y dispuesto para pelear.

consolar – hacer que alguien se sienta menos triste o enojado.

proteger – mantener fuera de peligro.

raro – poco común.

Índice

abdokids.com

¡Usa este código para entrar en abdokids.com y tener acceso a juegos, arte, videos y mucho más!

Código Abdo Kids:
ABK8959